Simplemente Ciencia

Luz y color

Steve Way y Gerry Bailey

Ilustraciones: Steve Boulter y Xact Studio

Gráficos: Karen Radford

everest

Luz y color

Contenidos

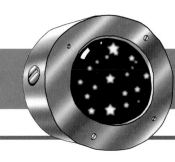

Hay luz por todas partes

La luz nos rodea. Cada mañana vemos el sol que ilumina el cielo y nos ayuda a distinguir las cosas. Por la noche la luna y las estrellas solo emiten una luz tenue, pero nos queda la fuerte luz de los focos o de las bombillas eléctricas.

La luz procede de:

el **sol** y la **luna** y las **estrellas.**

Procede del **alumbrado,** de un **fuego** o de una **vela.**

Y en casa podemos encender la **luz eléctrica** o una **linterna.**

Y en esta luz se esconden todos los colores del **arco iris.**

Vamos a descubrir más cosas sobre el origen de la luz y los maravillosos colores que contiene.

¿Qué es la luz?

¿Qué es? Bueno, el hecho de que puedas leer este libro significa que debes estar cerca de una ventana o una luz encendida. Pero lo sorprendente es que la luz que cae sobre esta página no es tan estable como parece; en realidad, ¡bota a tu alrededor locamente!

La luz está compuesta por diminutos paquetes de energía llamados **fotones**, que se desplazan en ondas. Los fotones son tan pequeños que no los distinguimos pero, cuando muchos de ellos se nos acercan, nuestra vista lo capta. De hecho, podemos ver gracias a esa saltarina banda de fotones que golpea nuestros ojos.

Sin luz = oscuridad

Hasta en nuestros modernos y seguros pueblos y ciudades podemos sentir miedo de la oscuridad. Imagina cómo debían de sentirse nuestros antepasados por la noche, ¡cuando los animales salvajes merodeaban a su alrededor en la negrura, deseando abalanzarse sobre ellos!

En casi todas las civilizaciones antiguas, la oscuridad se relacionaba con el mal, y la luz, con el bien.

La luz del sol

La luz del sol tarda más de ocho minutos en llegar a la Tierra.

Nuestra fuente luminosa más potente ha sido siempre la inmensa bola de calor que llamamos sol. Aunque dista nada menos que 150 millones de kilómetros, es capaz de quemar nuestra piel.

¡Ten cuidado! El sol es tan brillante que si lo miras directamente, aunque sea con gafas de sol, puede dañarte los ojos.

¡Qué calor!

Como casi todas las fuentes naturales de luz, ¡el sol quema! Su superficie, la parte más fría, está a unos achicharrantes 6 000 grados centígrados y su núcleo, a unos increíbles 15 000 000 ^{0}C. Su atmósfera, o corona, mucho más caliente que la superficie, ¡está nada menos que a dos millones de grados!

¡Tú eres un fresco: solo tienes 36 ó 37 grados centígrados!

Noche y día

La inmensa bola de fuego, la estrella que llamamos sol, genera la luz solar que nos ilumina durante el día. Pero, ¿por qué no es siempre de día y por qué cambia continuamente la duración de este?

El sol arroja su luz al espacio, pero la mayoría de esta luz no incide sobre la Tierra. Eso se debe a que la Tierra gira, u orbita, alrededor del sol, y tarda un año en describir una órbita.

Pero, además de girar alrededor del sol, la Tierra hace otra cosa. Cada 24 horas, gira una vez sobre su propio eje y, por tanto, parte de su superficie queda frente al sol (es de día) y la otra parte le da la espalda (es de noche).

La Tierra orbita alrededor del sol una vez al año, siguiendo una trayectoria casi circular.

sol

aquí es de noche

Mientras orbita, la Tierra gira sobre su eje (una línea imaginaria que pasa por el centro del planeta), por eso hay siempre una parte de ella que está frente al sol y recibe su luz.

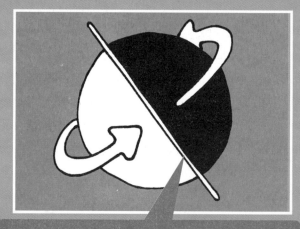

la Tierra gira sobre su eje mientras orbita alrededor del sol

Cuando en Nueva York empiezan a comer...

...en Hong Kong se van a dormir

Esta fotografía se tomó desde el espacio, al caer la noche sobre África y Europa. Media foto está oscura porque en esos lugares ya ha anochecido.

Poco falta para que anochezca en toda Europa y toda África, porque esas zonas que aún tienen luz se están alejando del sol.

El telescopio

Los astrónomos llevan miles de años mirando las estrellas, pero lo que ven en realidad es la LUZ que emiten, ya que las estrellas son soles muy lejanos.

Los primeros telescopios enfocaban la luz de las estrellas para verlas con más claridad, pero la imagen solía desenfocarse por los bordes.

Este moderno telescopio reflector se llama newtoniano en honor de su inventor, Isaac Newton.

1. El científico, Isaac Newton, deseaba hacer un telescopio que permitiera observar mejor los astros.

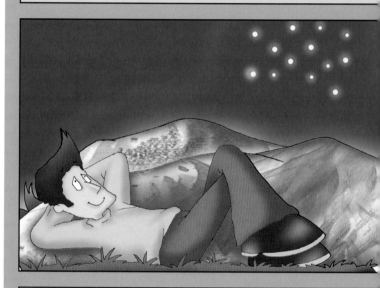

2. Quería ver las estrellas, los planetas y la luna con todo detalle, así que decidió construir uno realmente grande: el más grande jamás construido.

Espejo estelar

3. Necesitaba captar cada chispita de luz del cielo nocturno.

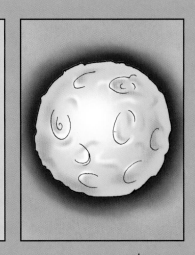

4. Hubiera podido empalmar muchos telescopios, pero con eso no hubiera obtenido una imagen más definida. ¿Cómo podía concentrar esas chispitas de luz en un solo sitio?

5. Decidió usar varios espejos en lugar de varias lentes. Los espejos reflejarían la luz y la concentrarían en un único y potente rayo.

6. El rayo de luz caería entonces sobre el ocular situado en un lateral del telescopio. El telescopio reflector de Isaac fue todo un éxito, ya que proporcionaba imágenes mucho más nítidas.

Luces naturales

En el cielo

Las estrellas que vemos por la noche son bolas de calor que emiten luz, como el sol.

Pero no iluminan el cielo nocturno, como hace el sol de día, porque están muchísimo más lejos de nosotros. ¡La más cercana a la Tierra dista unos 40 billones de kilómetros! ¡Y casi todas las otras son muy lejanas!

El sol ayuda a iluminar el cielo nocturno porque su luz se refleja en la luna, un frío satélite sin luz propia.

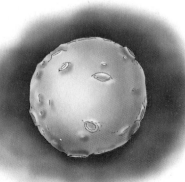

Fuego

Para los humanos fue estupendo descubrir otra fuente natural de luz y calor: ¡el fuego! A menudo hay fuegos naturales, como los dañinos incendios desatados por rayos que caen sobre árboles secos.

Seres luminosos

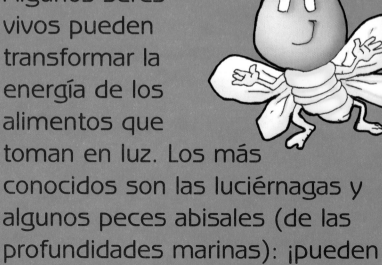

Algunos seres vivos pueden transformar la energía de los alimentos que toman en luz. Los más conocidos son las luciérnagas y algunos peces abisales (de las profundidades marinas): ¡pueden encenderse a sí mismos!

Relámpagos y rayos

Los relámpagos y los rayos se deben a las cargas eléctricas que se forman en las nubes tormentosas. Un rayo calienta el aire hasta unos 28 000 °C, ¡cinco veces más calor que en la superficie solar!

Auroras

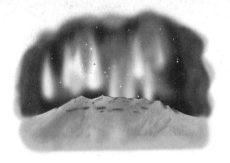

La aurora boreal es un precioso resplandor de luces de colores que se ve en el cielo nocturno, sobre todo cerca de los polos. No sabemos muy bien a qué se debe, pero tiene relación con pequeñas partículas emitidas por el sol que resultan afectadas por el campo magnético terrestre.

Cometas

El sol también ilumina los cometas.
Estos son como planetas diminutos compuestos de rocas, polvo y hielo. El sol incendia su atmósfera y la estela de partículas que dejan tras ellos mientras recorren el espacio.

Meteoros

Los meteoros son fragmentos de cuerpos espaciales que atraviesan la atmósfera terrestre y caen en la superficie. Debido al aumento de presión que sufren al entrar en la atmósfera, se calientan y emiten luz.

Juego de sombras

1. Antiguamente las imágenes solo podían plasmarse en los cuadros. Los retratos eran pinturas de personas, como las fotos que tomamos hoy.

2. Si no eras bueno, podías limitarte a dibujar objetos planos.

3. O podías obtener el contorno exacto del objeto, proyectando su sombra en la pared, y dibujar el resto.

4. La sombra se forma cuando el objeto impide el paso de la luz. Las ondas luminosas no pueden rodear los objetos, por lo que cualquier cuerpo opaco las detiene.

5. Más adelante se notó que la luz enfocada a un agujerito de una pared creaba en la pared opuesta una imagen invertida del objeto iluminado.

La cámara

Entonces fue posible dirigir el puntito de luz a un papel sensible a la luz, a una película, y obtener la copia de cualquier imagen. Esto, junto a la invención de la cámara oscura, condujo a la cámara fotográfica.

La cámara oscura

La cámara oscura fue la antecesora de la cámara actual. La luz de un objeto atravesaba el diminuto agujero de la caja y creaba la copia invertida del objeto en la superficie opuesta.

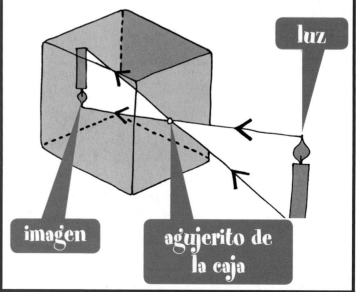

luz

imagen

agujerito de la caja

Luz eléctrica

La bombilla o foco es uno de los inventos más importantes y perdurables. Sin ella, seguiríamos dependiendo de las velas para iluminar nuestras casas.

Antes de la invención de la bombilla o foco, las calles de las grandes ciudades se iluminaban con lámparas de arco. Estas farolas contenían dos conductores eléctricos. Cuando la electricidad pasaba por los alambres, saltaban chispas de uno a otro, originando un brillante despliegue de luz.

1. Thomas Alva Edison creó más de mil inventos, pero el más famoso es el de la bombilla o foco.

2. Edison solo asistió tres meses al colegio; después fue su madre quien le dio clases en casa.

Thomas Alva Edison 1847-1931

3. Al quedarse parcialmente sordo debido a un accidente, Edison se lanzó a investigar el funcionamiento de las cosas. Las desmontó, intentó mejorarlas y acabó por inventarlas él mismo. Se le ocurrió un sistema telegráfico más rápido, capaz de enviar cuatro mensajes a la vez por un único cable.

4. Por esto ganó un buen dinero, ¡pero necesitaba mucho más para su nueva idea!

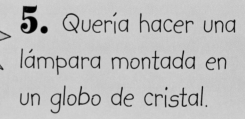

5. Quería hacer una lámpara montada en un globo de cristal.

6. Como tenía miedo de que el calor fundiera el globo, le sacó el aire y pasó la corriente eléctrica por un finísimo hilo de carbón, ¡y obtuvo luz! ¡Y ya está, foco listo!

Arco iris

El arco iris se ve cuando el sol atraviesa gotitas de lluvia. Cada gota actúa como una especie de prisma, una lente de cristal que descompone la luz en sus colores. Este arco iris de colores se llama espectro luminoso.

La gota de lluvia desvía ligeramente la luz que incide sobre ella, por lo que la luz sale de la gota con un ángulo distinto.

Aunque PARECE blanca, casi toda la luz que nos rodea contiene los siete colores del arco iris. Vemos los objetos de colores distintos, porque absorben unos y reflejan otros. Nosotros vemos el color que reflejan.

El arco iris consta de siete colores:

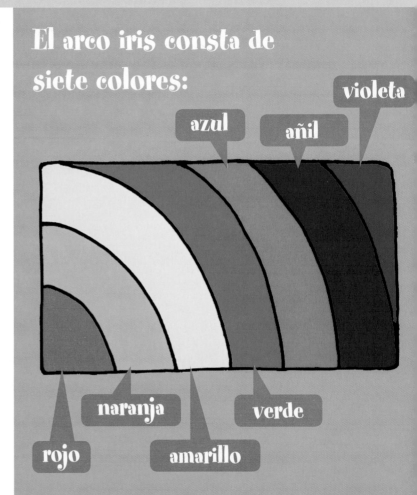

violeta
azul
añil
naranja
verde
rojo
amarillo

A veces la luz solar se refleja dos veces en las gotas. Esto produce un segundo arco iris, más apagado, sobre el primero.

Solo verás el arco iris si la lluvia está delante de ti y el sol está detrás.

Un bello arco de colores

Las gotitas de agua pulverizada hacen que la cascada se comporte como lluvia.

Mirar los colores

Para dividir la luz en todos sus colores, los científicos utilizan un instrumento llamado espectrógrafo.

Y también lo usan los astrónomos para descomponer la luz de las estrellas, y decirnos incluso de qué están hechas.

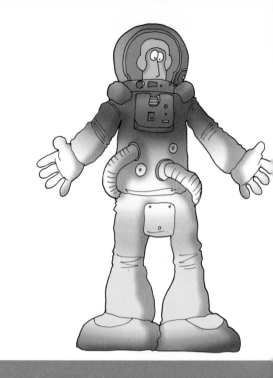

Luz estelar

1. Los astrónomos usan los telescopios para recoger luz del espacio y obtener imágenes de las estrellas.

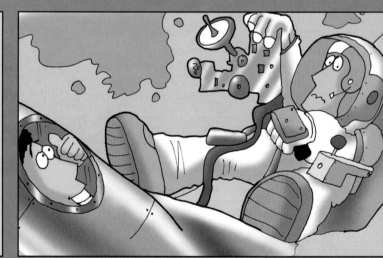

2. Los astronautas también obtienen información sobre las estrellas y los planetas con fotos tomadas en el espacio, pero estas imágenes solo cuentan la mitad de la historia.

Los colores del espectro

La luz consta de muchos colores pero nosotros la vemos blanca, porque se mueve tan deprisa que no podemos dividirla en sus distintas bandas. Pero cuando incide en una lente especial llamada prisma, se descompone en todo su espectro.

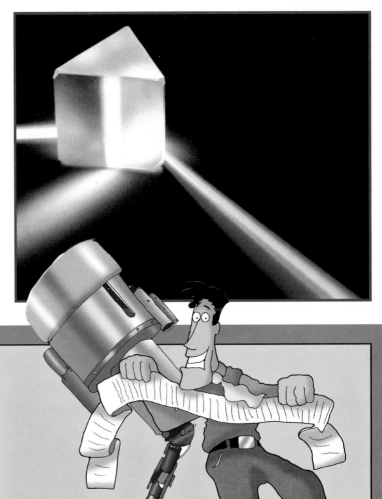

3. Los científicos saben que las sustancias, como el carbono, emiten luz cuando se calientan. Y una vez que tienes luz, puedes descomponerla en los colores del espectro. De hecho, cada sustancia tiene sus propios colores, o espectro, y algunas brillan mucho más que otras.

4. Cada sustancia tiene también su propio modelo de espectro, tan reconocible como una huella dactilar. Por eso, con los espectrógrafos que captan y descomponen la luz de una estrella, los científicos pueden saber las sustancias que constituyen el astro.

Pigmentos

Un pigmento es un polvo fino que se mezcla con aceite o con agua para obtener una pintura.

Las pinturas se hacen mezclando pigmentos con una sustancia pegajosa llamada aglutinante. Cuando este se seca, el pigmento se pega a la superficie que se pinta.

Los primeros pigmentos, llamados terrosos, se hacían moliendo piedras y tierra de un color especial debido a los minerales que contenía.

1. Los artistas prehistóricos dibujaban en las cuevas con trocitos de carbón. No sabían hacer pinturas de colores. Puede que intentaran hacer puré de flores, pero con eso solo conseguían colores pálidos.

Polvos para pintar

2. Aplastando piedras se obtenían polvos de colores. Incluso la sangre de un buey podía mezclarse con agua para conseguir un rojo oscuro.

3. Es probable que los artistas trataran de machacar todo tipo de materiales para hacer pigmentos, pero lo difícil era que se pegaran a las superficies y no se agrietaran.

4. Entonces un artista probó la grasa animal como aglutinante y consiguió una pasta pegajosa.

5. Una vez que esa pasta se secaba, el color se conservaba a la perfección. Desde entonces se usó grasa como aglutinante, para que las pinturas duraran más.

25

Pintor de matices

Además de gran inventor, Leonardo da Vinci fue un artista genial. Experimentó con luces y sombras para crear pinturas nunca vistas.

¡Soy el genio de las sombras!

Artista trabajando

1. Leonardo comenzó su carrera en Milán, Italia, como ingeniero, pero también quería ser artista.

2. Estudió el cuerpo humano, y fue el primer pintor que dotó de expresiones realistas a sus retratos.

3. Desarrolló una técnica de sombreado que daba movimiento a sus personajes.

La Gioconda

El cuadro más famoso de Leonardo es *La Gioconda*. Tardó cuatro años en acabarlo. A la gente le intriga la misteriosa sonrisa de la modelo y sus ojos "móviles", y se preguntan en qué estaría pensando.

Mira cómo crea Leonardo esos efectos en el rostro por medio de las luces y las sombras.

4. Al tiempo que pintaba, inventaba máquinas, como el helicóptero o el carro blindado. También le encantaba la arquitectura y diseñó palacios e iglesias maravillosos.

5. Llenó miles de páginas con notas escritas al revés ¡para que no le copiaran las ideas! Sus cuadernos contienen muchos dibujos de sus inventos, pero es más conocido por sus pinturas.

Cristal de colores

El vidrio de colores se obtiene añadiendo metal en polvo y oxígeno al vidrio normal durante el proceso de fabricación.

Vidrios que cuentan historias

1. Antiguamente los edificios grandes, como las catedrales, se construían con piedras. Pero el interior era muy oscuro y había que iluminarlo.

2. Aunque las paredes se cubrieran con pinturas y tapices, y las velas proporcionaran cierta iluminación, el interior seguía siendo sombrío.

Vidrieras

Para hacer un vitral, se unen piezas de vidrio por medio de tiras de plomo. Son propios de las iglesias cristianas, donde sus dibujos suelen recrear historias de la Biblia.

Puedes hacer el dibujo de un vitral recortando una cartulina negra y pegando por detrás trozos de papel celofán de colores.

3. Las ventanas corrientes eran pequeñas y dejaban entrar poca luz pero, si se agrandaban, el edificio podía debilitarse.

4. Al final, el problema se resolvió encajando un vidrio resistente (cristal emplomado) en los vanos. El vidrio se tiñó con distintos colores y se hicieron dibujos que ilustraban una historia o retrataban a alguien especial.

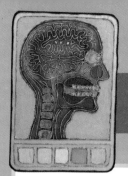

Prueba de luz y color

1. ¿Qué temperatura hay en la superficie del sol?

_____

2. ¿De qué diminutos paquetes de energía está compuesta la luz?

_____

3. ¿Cuánto tarda la Tierra en orbitar alrededor del sol?

_____

4. ¿Qué debe atravesar la luz solar para que se forme un arco iris?

_____

5. ¿Cómo se llaman los fragmentos sólidos del espacio que atraviesan la atmósfera terrestre y caen a la superficie?

_____

6. ¿Qué puso Isaac Newton en su telescopio para lograr una imagen más nítida?

_____

7. ¿Cómo se llama el cuadro más famoso de Leonardo da Vinci?

_____

8. ¿Qué se ve cuando un objeto bloquea las ondas luminosas?

_____

9. ¿Qué invento dio más fama a Thomas Edison?

_____

10. ¿Cómo llamamos a la luz una vez que se divide después de atravesar un prisma?

_____

6. Espejos 7. *La Gioconda* 8. Su sombra 9. El foco 10. Espectro luminoso

1. 6000 grados centígrado 2. De fotones 3. Un año 4. Gotas de lluvia 5. Meteoritos

Índice